Dieses Buch gehört

Raiffeisenstraße 32, 7024 Filderstadt 4
Übersetzung: Gudrun Smed
Redaktion: Helga Kronthaler
Produktion: Angelika Zahn
Satz: W. E. Weinmann, Druckerei GmbH
Druck: Schultz Print, DK
ISBN: 3-928195-70-0

Walt Disney

DONALD UND DIE SEERÄUBER

Horizont Verlag

Ein unerwarteter Besuch

Donald lag ausgestreckt auf dem Sofa im Wohnzimmer und machte sein Mittagsschläfchen. Im Traum jedoch kämpfte er gegen die Wogen an, gegen den peitschenden Regen und gegen den Wind, der die Segel seines Schiffes blähte. Er träumte, er segle auf einem Piratenschiff, auf dem gerade eine Person Platz hatte und das in einen Sturm geraten war.

Keine angenehme Situation für jemanden, der selbst im Traum noch ein Süßwassermatrose war und der von Tuten und Blasen keine Ahnung hat.

Plötzlich hatte Donald im Schlaf das Gefühl, wirklich klatschnaß zu sein. Doch er verspürte nicht die geringste Lust aufzuwachen, um dieser Sache auf den Grund zu gehen. Er tastete nur seine durchweichte Jacke ab und stellte sich die beängstigende Frage: „Könnte es sein, daß ich das falsche Schiff genommen habe? Habe ich mich womöglich auf der Arche Noah eingeschifft?“

Doch ehe er eine Antwort auf diese Frage fand, ergoß sich ein ganzer Schwall Wasser über seinen Kopf.

„Hilfe, die Sintflut kommt!“ rief Donald und war mit einem Schlag hellwach. Er fuhr hoch und entdeckte zu seiner Verblüffung, daß das Wasser genau über ihm von der Zimmerdecke herunterplätscherte.

„Bei allen Piraten der sieben Meere! Das ist kein Traum!“ rief Donald. „Es regnet in meinem Wohnzimmer!“

Dann überlegte er, woher das Wasser kommen konnte. Regen war nicht die Ursache, denn durch das Fenster drangen die ersten Strahlen der Frühlingssonne. Also mußte es sich um eine undichte Stelle handeln, wahrscheinlich oben im Badezimmer.

Jetzt hieß es schnell handeln. Donald sprang auf, rannte in die Küche und holte aus einer Schublade Werkzeug. Dann stürmte er, zwei Stufen auf einmal nehmend, die Treppe hinauf. Vor der Badezimmertür angelangt, hielt er sich eine Hand schützend vor das Gesicht.

Er wollte das Unheil, das ihn erwartete, nicht sehen. Die andere Hand drückte er aufs Herz, damit ihn vor Schreck nicht der Schlag treffen würde. Dann nahm er seinen ganzen Mut zusammen und stieß die Tür auf. Das Badezimmer war ein Bild des Grauens.

„Land unter!“ konnte Donald gerade noch rufen, ehe die Wasserfluten über ihm zusammenschlugen.

Eine gewaltige Flutwelle packte ihn und riß ihn mit sich die Treppe hinunter. Er wurde durch den Flur ins Wohnzimmer gespült, wo er schließlich auf seinem Sofa strandete.

Es dauerte einige Minuten, bis er wieder richtig Luft bekam und sich langsam von dem Schrecken erholte.

Als sich Donald aufrichtete, sah er seine drei Neffen, die in einem Schlauchboot durchs Zimmer flitzten und dabei gekonnt alle Möbel umschifften.

Donald wurde puterrot vor Zorn.

„Was soll dieser Unfug?“ polterte er. „Ich verlange eine Erklärung dafür, warum ihr versucht habt, mich zu ertränken!“

„Das war nicht unsere Absicht“, verteidigte sich Trick. „Wir spielen nur Piraten, die eine stürmische See durchqueren!“

„Dann hört mir jetzt mal gut zu, ihr Piraten!“ wetterte Donald. „Wenn ihr nicht bis in einer Stunde diese Überschwemmung aufgetrocknet habt, setzt es eine Tracht Prügel!“

Tick und Trick schlichen mit hängenden Köpfen hinauf ins Badezimmer und drehten den Wasserhahn der Badewanne zu.

Nur Track wagte es zu protestieren.

„An dieser Überschwemmung bist du selber schuld“, protestierte er. „Damit du es nur weißt, du bist ein richtiger Rabenonkel. Nie hast du Zeit, dich um uns zu kümmern. Immer müssen wir zu Hause bleiben, weil du nirgends mit uns hingehst. Alle anderen Kinder dürfen die Ferien über wegfahren. Nur wir nicht! Und wenn wir dann versuchen, im Haus etwas zu spielen, paßt dir das auch nicht!“

„Jetzt reicht es aber!“ schimpfte Donald.

„Noch ein Wort, und du spülst den ganzen Monat lang jeden Tag das Geschirr!“

Diese Drohung brachte Track zum Schweigen. Er ging hinauf zu seinen Brüdern und half ihnen dabei, das Haus wieder in Ordnung zu bringen.

Sie wischten das Wasser auf und rieben alle Möbel trocken. Das Sofa und die Teppiche schleppten sie zum Trocknen hinaus in die Sonne.

Auch Donald war nicht faul. Seiner Meinung nach waren die Abenteuerbücher der Kinder schuld an solchen Vorkommnissen.

Er räumte daher ihr Bücherregal halb leer und schleppte ganze Stöße von Abenteuerbüchern hinunter ins Wohnzimmer. Dort verbrannte er eins nach dem anderen im Feuer des Kamins.

Beim Abendessen brachten Tick, Trick und Track nicht ein einziges Wort über die Lippen. Sie trauerten ihren geliebten Abenteuerbüchern nach und waren so wütend auf Onkel Donald, daß ihnen jeder Bissen vor Zorn beinahe im Hals steckenblieb.

Als sie später zu Bett gingen, seufzte Trick

beim Anblick des geplünderten Bücherregals: „Womit haben wir nur so einen verknöcherten Onkel verdient? Wie kann er behaupten, die siegreichen Piratenabenteuer seien nur erfundene Geschichten, unnütze Lektüre, die uns nichts als Flausen in den Kopf setzt?"

„Wer wagt es, solche Lügen zu verbreiten?" ertönte da plötzlich eine Stimme.

Wie aus einem Munde riefen Tick, Trick und Track: „Unser Onkel Donald! Er hat überhaupt kein Verständnis dafür..."

Mitten im Satz brachen sie ab, weil ihnen die Worte im Hals steckenblieben. Wem gehörte die Stimme, die sie gerade gehört hatten? Onkel Donald ganz bestimmt nicht.

Außerdem konnte er nicht unbemerkt ins Zimmer geschlichen sein, weil sie die Tür hinter sich zugemacht hatten.

Nur ETWAS konnte ihnen also diese Frage gestellt haben, und bei diesem Gedanken lief es den drei Brüdern eiskalt den Rücken hinunter.

Sie entdeckten auch gleich, wem die fremde Stimme gehörte. Ohne sich die Mühe zu machen, die Zimmertür zu öffnen, war der

Unbekannte ganz einfach durchs Schlüsselloch zu ihnen ins Zimmer geschlüpft.

Es war ein Gespenst. Und an seinem Seeräuberhut erkannten die Kinder sofort, daß es der Geist eines verstorbenen Piraten war.

„We-wer si-sind Sie?" stammelten sie, zu Tode erschrocken.

„Die Kumpels an der Küste nannten mich Knollennase", erwiderte die schneeweiße Erscheinung. „Ich bin ein leibhaftiges Gespenst, der Geist eines ehemaligen Piraten."

Jeder andere hätte vor dieser übernatürlichen Erscheinung laut schreiend die Flucht ergriffen. Doch Tick, Trick und Track bewahrten die Ruhe. Sie glaubten zwar an Abenteurer und Piraten, aber nicht an Spukgeschichten.

Argwöhnisch fragten sie daher den Eindringling: „Willst du uns wirklich weismachen, du wärst ein Geist? So etwas gibt es doch nur in Gruselfilmen und Büchern mit Schauermärchen für Leichtgläubige."

Das Gespenst war kein bißchen beleidigt. Es überlegte sich nur, wie es die drei Jungs eines Besseren belehren konnte.

„Ich habe euch heute beim Seeräuberspielen

zugeschaut", sagte es. „Das hat mich an meine Zeit als Pirat erinnert. Nur für mich war es damals kein Spiel."

„Aber wir dürfen nicht mehr Seeräuber spielen, weil unser Onkel etwas dagegen hat", maulte Trick.

„Ich weiß, aber laßt mich bitte zu Ende reden", fuhr das Gespenst fort. „Ich möchte gern drei Fliegen mit einer Klappe schlagen."

„Wie meinst du das?" fragte Track verwundert.

„Nun, ihr werdet erstens ein tolles Abenteuer unter Piraten erleben. Zweitens kann ich euch damit beweisen, daß ich ein echtes Gespenst bin, und drittens wird euer Onkel Donald dann zugeben müssen, daß er sich geirrt hat."

„Das klingt fast so schön wie ein Traum!" rief Trick begeistert.

„In gewisser Weise wird sich dieses Abenteuer auch wie ein Traum abspielen", erklärte das Gespenst. „Wie ein langer, aufregender Traum, der euch wie die Wirklichkeit vorkommt und auch tatsächlich wirklich ist."

Ja, was denn nun? Traum oder Wirklichkeit? Die Kinder waren völlig verwirrt, aber der

Gedanke, ihrem Onkel auf diese Weise eine Lektion erteilen zu können, gefiel ihnen.

Das Gespenst erklärte weiter: „Mit Hilfe meiner magischen Kräfte werde ich euch in einen tiefen Schlaf versetzen. Wenn ihr dann wieder aufwacht, befindet ihr euch in der Mitte des 18. Jahrhunderts, und zwar in einem Haus, das zu meinen Lebzeiten mir gehörte. Neben meinem Bett steht eine Truhe, und darin findet ihr eine Karte, in der das Versteck eines sagenumwobenen Schatzes eingezeichnet ist. Nehmt euch aber in acht! Einer der meistgefürchteten Piraten jener Zeit wird versuchen, um jeden Preis in den Besitz dieser Schatzkarte zu kommen. Ihr braucht jedoch keine Angst zu haben. Ich werde ständig um euch sein und euch beschützen."

Tick, Trick und Track schauten sich an.

Was sollten sie von diesem Vorschlag halten? Aber das Gespenst schien es ernst zu meinen. Und was würden sie schon groß riskieren? Es hatte ja versprochen, sie zu beschützen.

„Ich bin dabei!" rief Tick.

„Ich auch!" beschloß Trick.

„Und ich!" stimmte Track als letzter zu.

Das Gespenst lächelte zufrieden und wartete, bis sich die drei zukünftigen Piratenlehrlinge unter ihre Decke gekuschelt hatten.

Mit geschlossenen Augen warteten sie darauf, was nun passieren würde. Die Kinder freuten sich schon riesig auf die tollen Abenteuer, die sie als Piraten erleben würden.

Da begann das Gespenst, eine beschwörerische Zauberformel zu murmeln, und darüber schliefen die drei Jungs im Handumdrehen ein.

Die Schatzkarte

Als Tick, Trick und Track am nächsten Morgen erwachten, sahen sie sich verblüfft um.

Sie befanden sich in einem völlig fremden Raum. Der Fußboden war mit einer dicken Staubschicht bedeckt, und überall hingen riesige Spinnennetze. Seit Jahrzehnten hatte hier wohl niemand mehr saubergemacht. Tisch- und Stuhlbeine waren abgebrochen und die Fensterscheiben schwarz vor Dreck. Die Motten hatten die Vorhänge zerfressen. Der ganze Raum erinnerte sie an die Kabine auf einem alten Schiff.

Sie befanden sich jedoch nicht auf einem Schiff, sondern hatten festen Grund unter den Füßen. Der Fußboden knarrte zwar bei jedem Schritt, aber er schwankte nicht.

„Es war also kein Traum!“ rief Trick vergnügt.

„Das Gespenst existiert wirklich und hat sein Versprechen wahrgemacht“, stellte Track fest.

Sogleich fiel ihnen die Truhe ein, in der sie eine Schatzkarte finden würden. Sie sollte neben dem Bett stehen - aber da war keine! Hatte den Geist sein Gedächtnis im Stich gelassen, weil er schon so uralt war?

Tick, Trick und Track durchsuchten das ganze Zimmer nach der Truhe. Es stand voll mit altem Gerümpel, das sie erst zur Seite räumen mußten. Dabei wirbelten dicke Staubwolken auf und brachten sie zum Niesen.

Als sie schon fast nicht mehr an die Existenz dieser Truhe glaubten und die Suche aufgeben wollten, entdeckten sie sie endlich unter einem Haufen alter Bretter.

Die Truhe war nicht besonders groß, und das Schloß und die Eisenbeschläge waren ziemlich verrostet. Doch daran störten sich die Kinder nicht. In dieser Truhe lag eine Schatzkarte, das

war das wichtigste. Doch so sehr sie sich auch mit vereinten Kräften bemühten: Der Deckel der Truhe ließ sich keinen Millimeter weit öffnen.

Die Truhe war abgeschlossen, und von einem Schlüssel hatte der Geist den Kindern nichts erzählt.

„Mit einer Haarnadel müßte man das Schloß aufkriegen“, überlegte Track.

„Woher nehmen und nicht stehlen?“ fragte Trick.

Das war eine gute Frage. Für ihre paar Federn auf dem Kopf brauchten die Jungs natürlich keine Haarnadeln. Aber wer sucht, der findet!

„Hier, ich hab' eine!" rief Tick und zog eine Haarnadel aus einer Ritze zwischen den Brettern des Fußbodens.

KLICK! Es hatte nur Sekunden gedauert, das Schloß der Truhe damit zu öffnen. Die drei Brüder stemmten sich gegen den Deckel, bis er endlich aufsprang. Neugierig warfen die Kinder einen Blick in die Truhe und machten lange Gesichter: Sie war leer!

Doch Track gab sich damit nicht zufrieden. Er tastete den Boden der Truhe ab und hielt gleich darauf triumphierend ein altes Pergamentpapier hoch.

„Hurra! Die Schatzkarte! Ich habe sie gefunden!" jubelte er.

Dabei entrollte er das Pergament und zeigte auf ein schwarzes Kreuz.

„Seht ihr? An dieser Stelle muß der Schatz versteckt sein", sagte er. „Mitten auf der Totenkopfinsel."

***

Ungefähr zur gleichen Zeit kletterte auf der anderen Seite des Hauses eine zweifelhafte Gestalt auf den Fenstersims. Sie war groß und dick, trug eine schwarze Maske vor den Augen und hatte verblüffende Ähnlichkeit mit einem von Onkel Dagoberts Erzfeinden: den Panzerknackern!

Das war auch gar nicht weiter verwunderlich, denn es handelte sich in der Tat um einen Vorfahren dieser Erzganoven.

Der Einbrecher kletterte ins Zimmer, spitzte die Ohren und stellte zufrieden fest: „Alles ruhig! Seit Knollennase im Jenseits über die Meere segelt, ist diese Bruchbude nicht mehr bewohnt. Ich kann also in aller Ruhe nach der Schatzkarte suchen."

Der Schurke begann, den Raum zu durchstöbern. Er wühlte in den Schubladen der verstaubten und wurmstichigen Möbel und fand allen möglichen sonderbaren Krimskrams. Aber nichts, was wie eine Schatzkarte aussah.

„Wo kann sie dieser Taugenichts nur versteckt haben?" brummte der Eindringling ärgerlich.

Plötzlich verzog sich sein Gesicht zu einem breiten Grinsen. Er glaubte, unter einem Haufen alter Lumpen etwas entdeckt zu haben. Mit seiner Säbelspitze begann er, darin herumzuwühlen und piekste Donald, der unter den Lumpen lag und schlief, ins Hinterteil.

Wie von einer Tarantel gestochen fuhr Donald hoch. Er entdeckte den Eindringling, der ihn mit seinem Säbel bedrohte, und rief empört: „Was fällt dir ein, du Schurke? Willst du mir mit diesem alten, rostigen Ding den Garaus machen?"

„Nein", erwiderte der Angesprochene und packte Donald am Hals. „Aber ich will wissen, wer du bist und was du hier machst."

Donald wand sich aus der Umklammerung des ungebetenen Besuchers. Er griff blitzschnell nach einer Flinte mit einem trichterförmigen Lauf, die am Boden lag und noch ziemlich gut erhalten war.

Er richtete die Büchse auf den Einbrecher und rief: „Wer ich bin, willst du wissen? Der Herr dieses Hauses! Und was ich hier mache? Ich verteidige mein Eigentum gegen Herumtreiber und Lumpengesindel, das hier bei mir eindringt und meine ganze Bude auf den Kopf stellt! Hast du schon mal was von Hausfriedensbruch gehört? Dafür kann ich dich vor Gericht bringen, Freundchen. Und jetzt raus, sonst werd' ich ungemütlich."

Dem Einbrecher verschlug es die Sprache. Er, ein gefürchteter Pirat und Schiffsplünderer, sollte wegen Hausfriedensbruches vor Gericht zitiert werden? So eine Schmach würde seinen ganzen Ruf ruinieren. Schlimm genug, daß ihm der aufgebrachte Hausherr mit seinem Schießgewehr vor der Nase herumfuchtelte und ihn behandelte wie einen dummen Schuljungen.

Doch angesichts der drohenden Waffe blieb dem Schurken nichts anderes übrig, als sein Heil in der Flucht zu suchen. Er zählte bis drei und verschwand mit einem Satz durch das offene Fenster.

Der schwerfällige Bursche war jedoch nicht schnell genug. Donald stürzte ebenfalls zum Fenster und feuerte eine Gewehrsalve hinter ihm her.

Eine der Kugeln streifte den Schurken am Bein.

Donalds Geschimpfe und die lauten Gewehrschüsse hatten die Kinder alarmiert. Sie stürmten zu Donald ins Zimmer und riefen ganz außer Atem: „Was ist passiert, Onkel Donald? Wer hat da eben geschossen?“

„Kein Grund zur Aufregung“, beruhigte sie Donald. „Ein Kerl, der sich als Pirat maskiert hatte, muß sich im Haus geirrt haben. Er kam wohl von einem Maskenball und hatte ein wenig zu tief ins Glas geguckt. Ich mußte allerdings ziemlich grob werden, bis er seinen Irrtum endlich einsah und sich aus dem Staub machte.“

Ein Eindringling, der als Seeräuber verkleidet war?

Die Kinder lachten sich heimlich ins Fäustchen. Onkel Donald hatte die Veränderungen, die über Nacht geschehen waren, offenbar noch gar nicht bemerkt. Nur die Unordnung um ihn herum schien ihm aufzufallen, denn er brummte mißmutig: „Wie's hier drin wieder aussieht! Aber bevor ich mich ans Aufräumen mache, genehmige ich mir erst ein erfrischendes Bad.“

Donald ging zielstrebig zum Badezimmer.

Doch dort, wo normalerweise die Tür war, klaffte in der Mauer des alten Gebäudes nur ein großes Loch. Und weil das Haus genau am Ufer des Meeres stand, plumpste Donald Kopf voraus hinunter ins kühle Naß.

Er schluckte ordentlich Wasser, und als er wieder auftauchte, rief er wütend zu den Kindern hinauf: „Habt ihr schon wieder Seeräuber gespielt und das ganze Haus unter Wasser gesetzt, ihr Racker?"

Dabei drohte er ihnen mit den Fäusten. Das Resultat war, daß er noch einmal in den Fluten versank.

Genau unter ihm machte ein nicht sehr angenehmer Meeresbewohner gerade seinen Verdauungsschlaf.

Es war ein riesengroßer Fisch mit messerscharfen, spitzen Zähnen... ein Hai!

Und ausgerechnet auf der Nasenspitze dieses gefährlichen Räubers landete Donald, als er bis auf den Grund hinuntersank.

Donalds Schwanzfedern kitzelten den Hai an der Nase, und er mußte kräftig niesen.

Das Niesen des Hais war so gewaltig, daß Donald davon bis an die Wasseroberfläche

befördert wurde. Doch alles ging so schnell, daß sich Donald überhaupt nicht im klaren darüber war, was eigentlich passiert war. Erst als er sich, nach Luft japsend, verwirrt umsah, entdeckte Donald den Hai.

Wütend über die unliebsame Störung war ihm dieser bis zur Wasseroberfläche gefolgt und kam mit weit aufgerissenem Rachen auf ihn zugeschossen.

Donald glaubte schon, sein letztes Stündchen habe geschlagen. Aber als der Hai gerade zuschnappen wollte, fühlte Donald, wie sich ein Seil um seinen Körper schlang.

Tick, Trick und Track hatten ihn mit einem gekonnten Lassowurf eingefangen und zogen ihn jetzt blitzschnell ans Ufer.

„Vielen Dank, daß ihr mich gerettet habt", sagte Donald, als er wieder festen Boden unter den Füßen hatte. „Ich sah mich schon im Magen dieses Haifisches enden."

Wild durcheinander redend, erzählten ihm die Kinder jetzt von dem Gespenst, das sie in eine andere Zeit versetzt hatte. Sie berichteten auch von der Schatzkarte, die sie in der Truhe gefunden hatten.

Donald verstand zwar kein Wort von dieser verworrenen Geschichte. Aber der Gedanke, daß sie im Besitz einer echten Schatzkarte waren, gefiel ihm.

Vergnügt folgte er den Kindern ins Haus und ließ sich alles noch einmal ausführlich von vorne erzählen.

Im Räubernest der Piraten

Inzwischen humpelte der verletzte Einbrecher zurück zum Schlupfwinkel der Piraten.

Aber nicht allein wegen seiner Verletzung kam er nur langsam voran. Ein zweiter Grund war die Angst vor dem Empfang, den ihm der Anführer der Piratenbande bereiten würde. Seine Angst war nur allzu berechtigt. Als er auf ihr Haus zuging, flog gerade die Tür auf, und einer seiner Brüder wurde mit einem kräftigen Fußtritt hinaus auf die Straße befördert.

Genauso erging es dem Rest der Bande, begleitet von einer ganzen Tirade von Flüchen und Beschimpfungen.

Mit gesenktem Kopf und klopfendem Herzen trat der zurückkehrende Pirat vor den Anführer. Dieser hatte eine verblüffende Ähnlichkeit mit Onkel Dagobert, dem Erbonkel von Donald und seinen Neffen.

Dies war auch weiter nicht verwunderlich. Denn er war einer seiner direkten Vorfahren und hieß ebenfalls Dagobert. Auch charakterlich waren der Dagobert von damals und der von heute genau gleich.

Als der Pirat ins Zimmer kam, stieg dieser Dagobert gerade in eine Wanne, die bis zum Rand mit Goldmünzen gefüllt war, um darin ein Bad zu nehmen.

Er erblickte den Zurückkehrenden, der zögernd näher kam, und schäumte sofort wieder vor Wut.

„Wo hast du so lange gesteckt, du Tagedieb?“ polterte er. „Los, komm her und gib mir die Schatzkarte!“

Er packte eine Flinte und zielte damit auf den vor Angst schlotternden Piraten.

„Di-die... ähm... Ka-karte... ja, also... weißt du, das war so...“, stammelte der Pirat völlig zusammenhanglos.

Dieses wirre Gefasel brachte Dagobert erst recht in Wut. Genau wie seinen Nachfahren interessierte er sich nur für eine einzige Sache im Leben, und zwar für Gold! Er hatte von der Schatzkarte erfahren und war fest entschlossen, sie an sich zu bringen, koste es, was es wolle.

„Hör auf, so herumzudrucksen!“ fuhr er den Piraten an. „Zeit ist Geld! Also gib mir schon endlich die Schatzkarte oder verrate mir wenigstens, was du damit angestellt hast.“

„Ja, also... ähm“, begann der Pirat wieder zu stottern. „Ich war in dem Haus von Knollennase, dem Piraten. Aber dort, unter einem Berg von Lumpen... keine Ahnung, wer... und dann hat er... was sollte ich machen... ich mußte...“

„Jetzt hör endlich auf mit diesem Gestammel und komm zur Sache, du Nichtsnutz!“ tobte Dagobert, rasend vor Ungeduld. „Hast du die Schatzkarte gefunden, ja oder nein?“

„Nein“, mußte der Pirat kleinlaut zugeben. „Das Haus von Knollennase steht nicht leer, wie du mir gesagt hast. Da wohnt einer drin, der behauptet, er wäre der Eigentümer. Ein schrecklich jähzorniger Typ, Käpt'n. Er hat mich mit einer Flinte bedroht und sogar auf mich geschossen, als ich durchs Fenster das Weite suchte."

Der Pirat zeigte Dagobert seine Schußwunde am Bein und fuhr mit weinerlicher Stimme fort: „Schau, da hat er mich getroffen!"

Doch das kümmerte den Piratenanführer nicht die Bohne. Er sprang vor Wut aus seiner Wanne und bombardierte den glücklosen Schatzkartensucher mit allem, was ihm in die Hände kam.

„Warum hast du dem Kerl nicht damit gedroht, ihm den Hals umzudrehen und ihn ins Meer zu werfen, wenn er die Schatzkarte nicht herausrückt, du Stümper?" wetterte er. „Muß man denn wirklich alles selbst machen?"

Schließlich beruhigte sich Dagobert wieder und verkündete mit blitzenden Augen: „Heute nacht werde ich diesem Kerl höchstpersönlich die Hölle heiß machen. Wäre doch gelacht, wenn ich ihn nicht dazu bringen könnte, die Schatzkarte herauszurücken. Wenn er sich weigert, zerquetsche ich ihn wie eine Laus!"

RHUM

Dagobert unterstrich seine Drohung, indem er dem vor ihm stehenden Piraten einen kräftigen Fausthieb versetzte. Dieser biß vor Schmerz die Zähne zusammen, da er nicht wagte, gegen diese gemeine Behandlung zu protestieren. Während er noch nach Luft rang, packte Dagobert seinen Säbel und stürmte damit tobend aus dem Raum.

Wie eine Furie erschien er gleich darauf in der Kammer der Mannschaft. Diese hatte sich gerade zu einem kärglichen Mahl um den Tisch versammelt. Es gab nur einen Topf voll Kohlsuppe und für jeden ein Stück trockenes Brot. Die Piraten verstummten vor Schreck, als ihr Anführer so unerwartet bei ihnen hereinplatzte.

„Ihr Taugenichtse! Ihr Faulpelze! Ihr Schmarotzer!" wetterte Dagobert. „Habt ihr nichts anderes zu tun, als auf der faulen Haut zu liegen und euch auf meine Kosten den Bauch vollzuschlagen? Aber mit diesem Lotterleben ist jetzt Schluß! Ich bezahle euch schließlich nicht dafür, daß ihr hier den ganzen Tag nur faul herumhängt und Däumchen dreht!"

„Aber Käpt'n", versuchte einer der Piraten

sich gegen diese Beschuldigungen zu wehren. „Seit wir bei dir angeheuert haben, hast du uns noch nicht einen Kreuzer Lohn bezahlt!"

„Was soll das heißen?" rief Dagobert wütend. „Willst du behaupten, ich würde die Leute, die bei mir in Lohn und Brot stehen, nicht anständig bezahlen?"

„Woher sollen wir das wissen?" wagte einer der Piraten zu erwidern. „Wir haben jedenfalls noch keinen Kreuzer gesehen, seit wir für dich..."

„Jetzt ist es aber genug!" polterte Dagobert rot vor Zorn. „Aber ich sag's ja immer: Undank ist der Welt Lohn! Da verhätschle ich euch, als ob ihr meine eigenen Kinder wärt, und so wird es einem gedankt!"

Doch an den finsteren Mienen seiner Piraten merkte er, daß er dieses Mal vielleicht doch etwas zu weit gegangen war. Jeden Moment konnte es zu einer Meuterei kommen. Dagegen half nur eine Drohung, mit der es ihm jedesmal wieder gelang, sich Respekt zu verschaffen.

„Begebt euch augenblicklich aufs Schiff und nehmt eure Posten ein! Worauf wartet ihr noch? Wir lichten noch in dieser Nacht die Anker!" befahl er. „Wenn ihr in einer Minute nicht alle aus dem Haus seid, werde ich euch mit der Hakenbüchse Beine machen! Na los, wird's bald?"

Diese Drohung hatte bis jetzt ihre Wirkung noch nie verfehlt.

„Nein, nicht die Hakenbüchse! Hab Erbarmen!" riefen die Piraten.

Offenbar hatten sie schon unangenehme Erfahrungen mit dieser Waffe gemacht.

Sie sprangen vom Tisch auf und stürzten Hals über Kopf aus dem Zimmer. Jeder versuchte, das Haus auf dem schnellsten Weg zu verlassen, um es nicht mit dieser schrecklichen Waffe zu tun zu bekommen.

Einige von ihnen sprangen gleich durch die geschlossenen Fenster, so daß die zerbrochenen Scheiben nur so klirrten. Ein paar andere kletterten den Kamin hoch und retteten sich über das Dach.

In Windeseile hatten alle das Haus verlassen und suchten ihr Heil in der Flucht.

Dagobert atmete erleichtert auf. Auch dieses Mal hatte er es wieder geschafft, sich bei seinen Leuten den gehörigen Respekt zu verschaffen.

Aber jetzt wurde es Zeit, sich um das zu kümmern, was für ihn im Moment am wichtigsten war: die Schatzkarte.

Dafür mußte er zunächst einmal einen Schlachtplan aushecken, damit alles reibungslos ablaufen würde.

Der Plan war schnell ausgearbeitet:

1. In das bewußte Haus eindringen.
2. Dem jetzigen Besitzer die Schatzkarte wegnehmen.
3. Die Anker lichten und zur Schatzinsel segeln.

„Alles wird klappen wie am Schnürchen", dachte Dagobert zufrieden. „Das Schiff liegt vor Anker, und die Mannschaft ist klar zum Auslaufen. Schreiten wir zur Tat!" beschloß Dagobert.

Er drehte sich um, um seinen Leuten die nötigen Anweisungen zu geben.

Doch außer ihm war keiner mehr da. Dagobert hatte völlig vergessen, daß er alle Piraten zum Schiff geschickt hatte.

„Wie dumm von mir“, dachte er und kratzte sich ratlos am Kopf.

Allein konnte er nicht gut in dieses Haus eindringen und die Schatzkarte an sich bringen. Er wußte ja nicht, ob außer dem Besitzer noch jemand dort wohnte. Und jener hatte obendrein eine Büchse und anscheinend keine Skrupel, von dieser Waffe auch Gebrauch zu machen.

Auf einmal hörte Dagobert ganz in seiner Nähe jemanden schnarchen. Er ging dem Geräusch nach und entdeckte den Schläfer in einem leeren Faß. Dessen Nickerchen nahm jedoch ein jähes Ende. Als der Piratenkäpt'n in dem Faß ein Loch entdeckte, stieß er, ohne lange zu fackeln, mit der Spitze seines Säbels hinein. Der Pirat stieß einen lauten Schrei aus und schoß wie von einer Tarantel gestochen aus dem Faß heraus.

„Zu Hilfe, Kameraden! Ich werde angegriffen!“ schrie er und rieb seine verletzte Kehrseite.

„Hör auf zu plärren und komm mit mir mit!“ herrschte Dagobert seinen Piraten an. „Du kommst mir gerade wie gerufen.“

„Zu Befehl, Käpt'n", sagte der Pirat. „Nur um eins möchte ich dich bitten..."

„Sprich dich aus, solange es nicht wieder etwas mit Geld zu tun hat", knurrte Dagobert.

„Könntest du nicht den Säbel wegstecken... ähm... vorsichtshalber", bat der Pirat.

„Nichts da! Den Säbel behalte ich in der Hand... für alle Fälle", erwiderte Dagobert.

Der Pirat seufzte, aber er war klug genug, nicht auf seiner Bitte zu beharren.

Gleich darauf waren Dagobert und sein Helfershelfer auf dem Weg zu Donalds Haus.

Eine nächtliche Aktion

Es war eine stockfinstere Nacht. Erschöpft von den Aufregungen dieses Tages schliefen Donald und seine drei Neffen längst tief und fest. Sie ahnten nichts von der Gefahr, die ihnen drohte. Im Traum sahen sie sich bereits als Besitzer eines großen Schatzes. Doch auf den war auch noch ein anderer aus.

Die drohende Gefahr näherte sich ihrem Haus in Gestalt eines Piratenkapitäns. Dieser war wild entschlossen, die Schatzkarte an sich zu bringen. Notfalls auch mit Gewalt.

Vorsichtig schlichen Dagobert und sein Komplize im Schutze der Dunkelheit auf das Haus zu. Ringsum war alles still. Nur von drinnen konnten die beiden Schurken leises Schnarchen hören.

„Sehr gut, dieser Tölpel schläft wie ein Murmeltier", sagte Dagobert zufrieden. „Mit dem werden wir leichtes Spiel haben."

„Und wenn er doch Widerstand leistet, weiß ich ein wirksames Mittel, um ihn gefügig zu machen", fügte der Pirat hinzu.

„Pst! Keinen Mucks!" zischte Dagobert. „Da geht eine Tür auf. Halte dich bereit!"

Tatsächlich! Laut knarrend und quietschend öffnete sich die Tür, und Donald trat über die Schwelle. Er streckte beide Arme nach vorn und bewegte sich wie ein Roboter. Kein Zweifel, Donald war ein Schlafwandler!

Der mit allen Wassern gewaschene Piratenkapitän erkannte das auf den ersten Blick. Sogleich beschloß er, sich Donalds wehrlosen Zustand zunutze zu machen.

In Sekundenschnelle heckte er einen neuen Plan aus.

„Warte, ich habe eine bessere Idee", flüsterte

er seinem Gefährten zu. „Wir verzichten auf jegliche Gewalt. Es genügt sicher, wenn wir diesen Schlafwandler höflich nach der Schatzkarte fragen. Auf diese Weise sparen wir Munition und Zeit. Denn Zeit ist bekanntlich..."

„...Geld!" beendete der Pirat den von seinem Anführer oft zitierten Satz.

„Bravo, ich sehe, du hast etwas von mir gelernt", lobte ihn Dagobert.

Als Donald an den beiden vorbeiwandeln wollte, versperrte ihm der Piratenkäpt'n den Weg. Er flüsterte ihm mit gespielt freundlicher Stimme ins Ohr: „Die Schatzkarte, mein Lieber! Geh zurück ins Haus und bring mir die Schatzkarte!"

Gehorsam machte der Schlafwandler kehrt und ging, immer noch mit ausgestreckten Armen, wieder zurück zum Haus. Dabei murmelte er leise vor sich hin. Er wiederholte wie eine Schallplatte mit einem Sprung immer wieder den gleichen Satz: „Die Schatzkarte... ich soll ihm die Schatzkarte bringen! Die Schatzkarte... ich soll ihm die Schatzkarte bringen..."

So vor sich hin murmelnd trat Donald ins

Haus. Er ging zielstrebig zur Truhe und öffnete den Deckel.

„Nein, nicht! Du darfst diesen Piraten die Schatzkarte nicht geben", ertönte plötzlich eine Stimme aus dem Jenseits.

In diesem Augenblick nahm der Besitzer dieser geheimnisvollen Geisterstimme neben Donald Gestalt an.

Es war der verstorbene Seeräuber mit dem Beinamen Knollennase, der schon Tick, Trick und Track erschienen war.

Er wollte verhindern, daß Donald die Schatzkarte aus den Händen gab, aber dieser ließ sich nicht aufhalten. Er nahm das kostbare Pergament aus der Truhe und ging damit zurück zu den beiden Piraten, die vor dem Haus auf ihn warteten.

Dagoberts Komplize trug jetzt einen großen, schweren Sack über der Schulter. Während Donald die Schatzkarte holte, hatte er sich im Haus umgesehen und dabei die drei schlafenden Kinder entdeckt.

Erst wußte er nicht so recht, was er mit ihnen machen sollte. Dann ergriff er einen Sack und steckte die drei Schläfer kurz entschlossen hinein.

Tick, Trick und Track hatten einen so tiefen Schlaf, daß sie nichts davon bemerkten und friedlich weiterschliefen.

Während Donald auf die Piraten zuging, murmelte er immer noch den gleichen Singsang vor sich hin: „Die Schatzkarte... ich soll ihm die Schatzkarte bringen..."

Dagobert nahm ihm die Karte aus der Hand und fing nun ebenfalls an: „Die Schatzkarte, juhu! Ich habe die Schatzkarte! Die Schatzkarte..."

Er hörte nicht damit auf, diese Worte zu wiederholen und vor Freude wie ein Verrückter herumzutanzen.

Dem Piraten wurde es schließlich zu bunt. Er räusperte sich, zeigte mit dem Finger auf Donald und fragte: „Was machen wir mit dem da, Käpt'n?"

„Steck ihn zu den anderen in den Sack", befahl Dagobert. „Wir nehmen sie mit. Dann haben wir vier Schiffsjungen, die die schmutzige Arbeit für uns verrichten können."

Donald wandelte immer noch im Schlaf. Er wehrte sich daher auch nicht, als ihn der Pirat am Schlafittchen packte und zu seinen Neffen in den Sack stopfte.

Unterdessen war der Mond hinter den Wolken hervorgekommen. Er leuchtete so hell, daß Dagobert problemlos das Pergament studieren konnte, das er Donald abgenommen hatte.

„Sie ist es! Es ist die Schatzkarte!" jubelte er.

„Schnell, zum Hafen und dann auf zu der Schatzinsel! Endlich wird mein Traum in Erfüllung gehen! Ich werde Berge von Gold besitzen!"

Als am nächsten Morgen die Sonne aufging, lagen Donald und seine Neffen auf dem Deck des Piratenschiffs. Sie schliefen immer noch tief und fest. Nichts hatte sie in der Nacht wecken können, und das regelmäßige Schaukeln des Schiffes wiegte sie nur noch tiefer in ihren Schlaf.

Einer der Piraten betrachtete die Schläfer und kratzte sich am Kopf.

Als die Sonne hoch am Himmel stand, fand er schließlich, daß es Zeit war, sie endlich zu wecken. Er streckte schon die Hand aus, um sie kräftig zu rütteln, überlegte es sich aber doch gleich wieder anders.

„Heute ist ihr erster Tag an Bord, da will ich mal nicht ganz so grob sein und sie etwas sanfter wecken", dachte er.

Obwohl er ein hartgesottener Bursche war, hatte er doch ein wenig Mitleid mit ihren Gefangenen.

Aber diese Schwäche wollte er natürlich

nicht den anderen Piraten zeigen, die ihn deswegen bestimmt verspottet hätten.

„Wacht auf, Frühstück gibt's!" flüsterte er daher Donald und den Kindern ins Ohr. „Es gibt Milchkaffee und frischgebackene Hörnchen. Na los! Nun macht doch schon endlich die Augen auf!"

Milchkaffee und Hörnchen existierten allerdings nur in der Phantasie des Piraten. Bei einem knausrigen Käpt'n wie Dagobert mußte sich die Mannschaft zum Frühstück mit lauwarmem Wasser und trockenem Schiffszwieback begnügen.

Endlich rührten sich die Schläfer. Sie gähnten und streckten sich.

Donald murmelte noch ganz müde: „Ah, habe ich gut geschlafen! Und geträumt hab' ich! Von einem riesigen Piratenschatz! Von Juwelen, Silber und unermeßlich viel Gold!"

„Gold? Wer hat da eben von Gold gesprochen? Sagt mir, wo es ist, damit ich kopfüber hineintauchen kann!" ertönte da vom Oberdeck die Stimme des Piratenkäpt'ns.

Es kostete den Piraten einige Mühe, seinen Käpt'n über den Irrtum aufzuklären.

„Es war nur unser Gefangener, der von Gold geträumt hat“, erklärte er.

„Schnickschnack!“ tobte Dagobert. „Auf diesem Schiff hat nur einer das Recht, von Gold zu träumen, und das bin ich!“

Sein wütendes Gebrülle störte Donald und die Kinder nicht die Spur. Sie hatten sich auf die Seite gerollt und waren schon wieder eingeschlafen.

„Was soll ich nur mit diesen Schlafmützen anfangen, Käpt'n?“ fragte der Pirat. „Ich kann machen, was ich will, sie sind einfach nicht wachzukriegen.“

„Dann geh und läute die Schiffsglocke, du Spatzengehirn!“ befahl Dagobert. „Die ist so laut, daß sie sogar Tote aufwecken könnte. Auf unserem Schiff schläft man nicht am hellichten Tag, da wird gearbeitet!“

Der Pirat gehorchte und ging zu der Schiffsglocke am anderen Ende des Decks. Er war beleidigt, weil ihn der Käpt'n Spatzengehirn genannt hatte. Deshalb ließ er auch seinem Zorn freien Lauf, packte das Seil und zog mit aller Kraft daran.

DONG! DONG!

Dieser Höllenspektakel hatte die gewünschte Wirkung. Er riß Donald nun endlich aus dem Schlaf.

„Dieser verflixte Wecker!“ knurrte er, wütend über diese Störung. „Jeden Morgen die gleiche Schikane. Gerade, wenn man mitten in einem schönen Traum ist und es interessant und spannend wird, dann weckt er einen auf!“

Immer noch mit geschlossenen Augen tastete

Donald ins Leere, um den lästigen Wecker zum Schweigen zu bringen. Aber natürlich konnte er ihn nicht finden.

Stattdessen bekam er genau neben sich ein Seil zu fassen.

„Ah, da ist er ja, dieser Krawallmacher", dachte Donald und zog kräftig daran.

Dieses Seil betätigte den Auslöser einer kleinen Kanone, die einige Schritte von Donald entfernt stand und mit einer Kugel geladen war.

BUMM! Ein Donnerschlag ertönte, und die Kugel schoß aus dem Kanonenrohr. Sie flog haarscharf über den Kopf des Piraten hinweg, fegte seinen Zweispitz weg und rasierte ihm die letzten paar Haare ab.

Mit einem Schlag waren Donald und die Kinder hellwach.

„Gütiger Himmel, was ist passiert?" rief Donald wie vom Donner gerührt. „Diese Kerle da, das sind ja die Panzerknacker!"

Gut ein Dutzend widerwärtiger Fratzen starrten ihn drohend an. Donald sprang zu Tode erschrocken auf und fiel kopfüber in eine leere Wassertonne.

Tick, Trick und Track waren nicht ganz so ängstlich wie ihr Onkel. Sie sahen sich neugierig um, um herauszufinden, wo sie hier gelandet waren.

„Das ist ein ziemlich passables Segelschiff aus dem 18. Jahrhundert", stellten sie sachkundig fest. „Aber was haben die Panzerknacker hier zu suchen? Und vor allem, wie sind wir hierhergekommen?"

Die Kinder verstanden die Welt nicht mehr. Sie hatten die Panzerknacker doch im 20. Jahrhundert zurückgelassen. Wie waren diese Banditen in dieses Zeitalter gelangt?

Sie hätten sicher noch länger herumgerätselt, wenn nicht plötzlich eine ihnen wohlbekannte Gestalt auf dem Deck erschienen wäre.

Es war Onkel Dagobert. Oder vielmehr ein Vorfahre von ihm. Aber das konnten die Kinder in diesem Augenblick noch nicht wissen.

Dagobert war gekleidet wie ein Pirat, und auf seinem Kopf saß ein Zweispitz, den ein

Totenschädel zierte.

„Onkel Dagobert! Bist du auch von den Panzerknackern verschleppt worden?“ rief Trick.

„Ich glaube, hier muß etwas richtiggestellt werden“, brummte der Käpt'n. „Erstens, mein Name ist zwar Dagobert Duck, aber ich bin nicht euer Onkel. Zweitens, ich bin kein Gefangener wie ihr, sondern der Anführer der Piraten.“

Tick, Trick und Track glaubten nicht richtig zu hören.

„Du, ein Piratenkäpt'n?“ riefen sie ungläubig. Sie hatten immer noch nicht kapiert, was hier gespielt wurde.

„Wenn du hier der Boß bist“, ertönte da eine dumpfe Stimme aus der Tonne, „dann erkläre uns bitte, wie wir auf dieses Schiff gekommen sind! Warum hat man uns hierher verschleppt? Was ist das Ziel dieser Reise?“

Dagobert trat an die Tonne, entfaltete das bewußte Stück Pergament und hielt es Donald unter die Nase.

„Du bist mir zwar ein bißchen zu neugierig, aber ich will nicht so sein und dir deine Frage trotzdem beantworten", sagte Dagobert. „Wir segeln zur Totenkopfinsel, um den Schatz zu holen, der dort versteckt ist."

Als Donald die Schatzkarte wiedererkannte, sprang er mit einem Satz aus der Tonne.

„Mit Hilfe meiner Karte?" rief er empört. „Gib sie mir sofort wieder und bring uns zurück an Land!"

Sein Wutgeschrei ließ Dagobert völlig kalt. Mit einem gezielten Schlag beförderte er Donald zurück in die Tonne und rollte diese mit ein paar Fußtritten geradewegs in die Kombüse.

„Hier an Bord erteile nur ich Befehle, und als Schiffsjungen habt ihr zu gehorchen!", rief er. „Los, an die Arbeit, ihr Faulpelze!"

Die Kinder waren ihrem Onkel gefolgt und halfen ihm, aus der Tonne herauszuklettern.

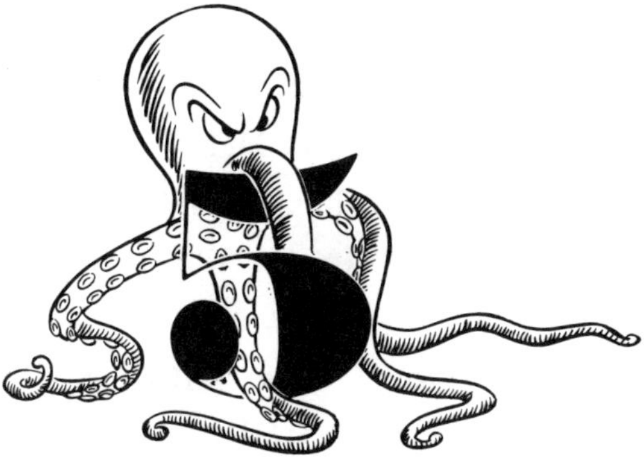

Der Schlummertrunk

Auf diese Weise unfreiwillig zum Schiffskoch der Piraten befördert, stand Donald am Herd. Er rührte mit einer Kelle mißmutig in einem großen Suppentopf und sann nach Rache. Währenddessen schälten die Kinder einen ganzen Berg Kartoffeln.

Plötzlich rief er: „Ich hab's! Ich weiß, wie ich diesem Halunken die Schatzkarte wieder wegnehmen kann. Und die Panzerknacker werden mir diesen Schurkenstreich teuer bezahlen!"

Er griff in eine Schublade und holte ein Glas heraus, das bis zum Rand mit einem Schlafpulver gefüllt war. Er rührte den ganzen Inhalt in die Suppe. Anschließend steckte er seinen Kopf durch eine Luke und rief: „Alles antreten zum Essen fassen!“

Sogleich stürmten alle Piraten in die Küche und wollten sich heißhungrig auf die Suppe stürzen. Doch Dagobert hielt sie zurück. „Halt! Wartet noch!“ befahl er ihnen.

Er wandte sich an Donald und fragte: „Diese Suppe enthält doch nicht etwa... ähm... unbekömmliche Zutaten?"

„W-wie ko-kommst du denn auf so-so was?" stammelte der ertappte Schiffskoch.

„Gut, dann probier du sie als erster!" befahl Dagobert.

Auf ein Zeichen von ihm packte einer der Piraten Donald an den Beinen und tauchte ihn kopfunter so lange in die Suppe, bis dieser fast darin erstickt wäre.

Immer noch nach Luft schnappend, sagte Donald: „Seht ihr, in der Suppe ist nichts, was mir geschadet hätte."

„Mag sein", brummte Dagobert. „Aber vorsichtshalber warten wir jetzt noch ein paar Minuten."

Alle richteten ihre Augen auf Donald, um zu sehen, was passieren würde.

Und plötzlich konnte der Schiffskoch ein Gähnen nicht mehr unterdrücken. Er verdrehte die Augen, fiel auf den Rücken und blieb stocksteif liegen.

„Aha, hab' ich mir's doch gedacht!" rief Dagobert triumphierend.

„Wenn wir von dieser Suppe gegessen hätten, würden wir jetzt alle schlafen wie die Murmeltiere", fuhr der Piratenkäpt'n fort. „Dieser Wicht hat es also immer noch auf die Schatzkarte abgesehen, die jetzt mir gehört! Reinlegen wollte er mich! Mich, den gefürchteten Piratenkäpt'n Dagobert Duck! Aber da muß er schon früher aufstehen!"

„Und er wird es bestimmt wieder versuchen, wenn er die Gelegenheit dazu bekommt", gab einer der Piraten zu bedenken.

„Dann sorge dafür, daß das nicht der Fall sein wird!" befahl Dagobert.

Diesen Befehl befolgte der Pirat nur allzu gern. Er holte aus und versetzte dem schlafenden Donald einen heftigen Fußtritt. Dieser flog im hohen Bogen über Bord und versank mit einem lauten Platschen in den Fluten.

„Armer Onkel Donald!" riefen Tick, Trick und Track. „Das mit dem Schlafmittel war doch keine so gute Idee. Er hat diesen Piratenboß unterschätzt."

Im Unterbewußtsein nahm Donald ein seltsames Gefühl an seinem Hals wahr.

„Waren die Piraten etwa so fürsorglich, mir einen Schal umzubinden, ehe sie mich ins Wasser warfen?" wunderte er sich.

Aber was Donald für einen Schal hielt, war in Wirklichkeit der dicke Fangarm eines riesigen Tintenfischs.

Das Meeresungeheuer zog die Schlinge noch etwas enger zu, wirbelte Donald im Kreis herum und schleuderte ihn schließlich mit aller Kraft weit von sich.

Wie ein Geschoß flog Donald durch die Luft und landete wieder dort, von wo er gekommen war: auf dem Schiffsdeck!

Noch völlig benommen sah sich Donald nach einem sicheren Versteck um. Er entdeckte ein leeres Faß und verkroch sich darin. Das schien langsam schon zu einer Gewohnheit zu werden.

Nachdem der Tintenfisch Donald von sich geschleudert hatte, richtete sich sein Zorn gegen das Piratenschiff.

Er ließ einen seiner Fangarme vorschnellen und schlang ihn um Dagobert, der am Mittelmast stand und aufs Meer hinausschaute. Der Piratenkäpt'n klammerte sich mit aller Kraft am Mast fest.

Er schrie Zeter und Mordio: „Los, worauf wartet ihr noch? An die Kanonen!" befahl er seiner Mannschaft. „Nun schießt schon endlich! Und heute braucht ihr ausnahmsweise nicht mit Schießpulver zu sparen!"

ein sehr gutes Versteck, was er da gefunden hatte. Der Pirat suchte das ganze Deck nach ihm ab. Er guckte in ein leeres Faß, das dort herumstand. Aber da fand er den Gesuchten auch nicht. Es war, als hätte er sich in Luft aufgelöst.

„Alarm! Der Gefangene ist geflohen!“ rief der Wachposten. Doch die einzige Antwort, die er erhielt, war ein Schnarchkonzert. Das machte ihn noch wütender.

„Schlafen wie die Murmeltiere, während ich mich hier oben mit unseren Gefangenen herumägern muß“, knurrte er.

Als er noch einige Male ALARM! gerufen hatte und sich immer noch keiner von seinen Kameraden rührte, platzte ihm schließlich der Kragen. Er ging zu einer der Bordkanonen, entfachte ein Streichholz und zündete damit die Lunte an.

„Wär' doch gelacht, wenn ich sie damit nicht aus dem Bett holen könnte“, dachte er und hielt sich vorsorglich schon mal die Ohren zu.

BUMM! Ein gewaltiger Donnerschlag erschütterte das ganze Schiff, und aus der

Kanone flog ein ungewöhnliches Geschoß... Donald!

Ausgerechnet in dem Kanonenrohr hatte er vor seinem Verfolger Zuflucht gesucht. Als der Pirat sah, wie Donald im hohen Bogen über Bord flog und in der Dunkelheit verschwand, raufte er sich vor Verzweiflung die Haare. Wie sollte er dem Käpt'n beibringen, daß er den Gefangenen auf diese Weise hatte entkommen lassen?

Der Kanonenschlag hatte Dagobert aus dem Schlaf geschreckt. Wutschnaubend erschien er an Deck und verlangte von dem Wachposten eine Erklärung für dieses nächtliche Feuerwerk.

Mit schlotternden Knien beichtete ihm der Pirat, was passiert war und hoffte auf Milde wegen seiner Ehrlichkeit. Doch diese nützte ihm in diesem Fall herzlich wenig. Dagobert stürzte sich auf ihn und vermöbelte ihn nach Strich und Faden. Dann befahl er ihm, den Sack mit Tick, Trick und Track zu holen und in den Laderaum einzuschließen.

Der Piratenkäpt'n wollte den Rest der Nacht in Ruhe verbringen, ohne noch einmal einen Fluchtversuch verhindern zu müssen.

Wegen Donald machte er sich keine großen Gedanken. Dieser war sicher längst ein Opfer der Haie geworden und würde ihm keine Scherereien mehr machen. Ohne die geringste Spur von Bedauern ging er zurück in seine Kabine.

Doch Donald hatte Glück im Unglück. Das Schicksal, von den Haien gefressen zu werden, blieb ihm erspart. Statt im Wasser landete er unsanft auf einer Insel mitten im Meer. Er schlug so hart auf dem felsigen Boden auf, daß er nur noch Sterne sah und das Bewußtsein verlor. Erst nach einer ganzen Weile kam der Gestrandete wieder zu sich und sah sich im fahlen Licht des Mondes um. Sogleich sträubten sich ihm sämtliche Federn vor Schreck.

Genau vor ihm hob sich ein riesiger Totenschädel vor dem nachtschwarzen Himmel ab. Daß es sich dabei um einen makabren Scherz der Natur handeln könnte, kam ihm nicht in den Sinn.

Regungslos vor Schreck starrte er den Totenschädel an und murmelte mit zitternder Stimme: „Grundgütiger Himmel! Ich bin in der Hölle gelandet."

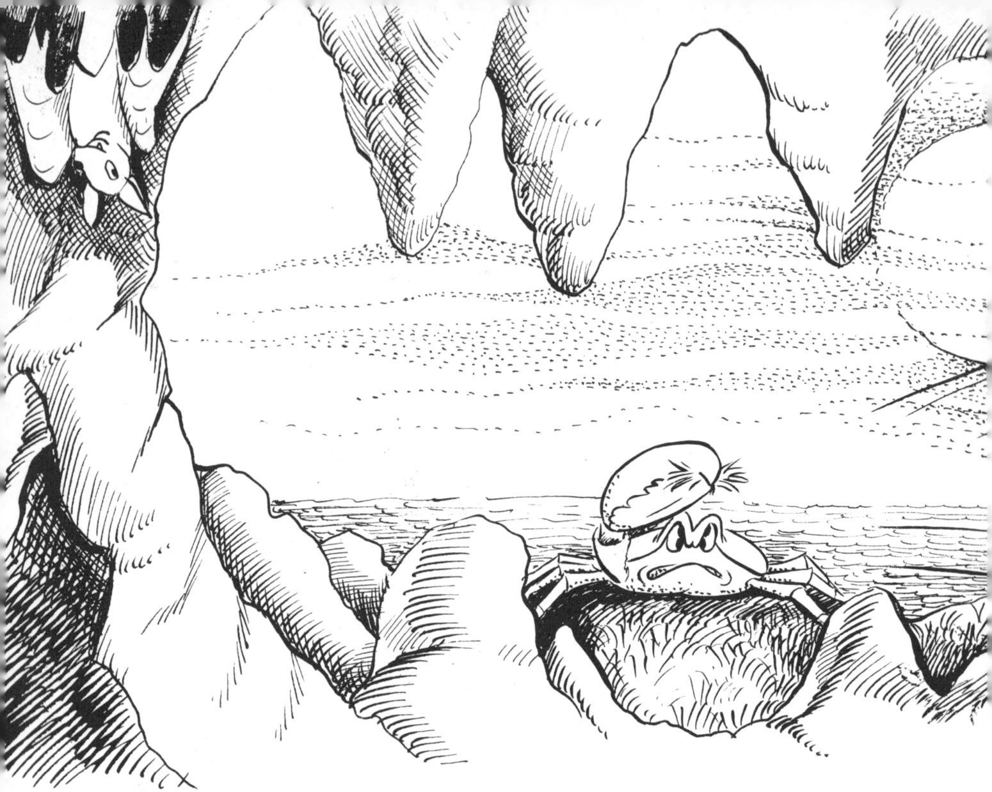

An die Schatzkarte dachte Donald in diesem Moment mit keinem Gedanken mehr. Doch der Zufall hatte es gewollt, daß Donald genau da gelandet war, wo sich der versteckte Schatz befand: auf der Totenkopfinsel!

„Ich armer Unglücklicher!“ jammerte Donald. „Jetzt werde ich nie wieder das Licht der Sonne sehen! Leb wohl, du schöne Welt! Lebt wohl, Kinder! Verzeiht mir, wenn ich manchmal ein wenig zu streng mit euch war! Leb wohl, Onkel Dagobert! Trotz allem habe ich dich als Onkel immer geschätzt! Leb wohl,

Aber wie waren die Schurken hierhergekommen? Ganz einfach. Nach Donalds Verschwinden hatte Dagobert, weiter der Schatzkarte folgend, sein Schiff zu der Totenkopfinsel dirigiert.

Hier war er dann mit zwei Männern an Land gegangen und hatte sich auf die Suche nach dem Schatz gemacht.

„DER SCHATZ!“

Ein dreistimmiger Jubelschrei brachte die Wände der Höhle zum Erzittern. Und dann bot sich Donald ein unglaubliches Schauspiel. Wie kleine Kinder stürzten sich die beiden Piraten auf die Truhen und begannen, mit beiden Händen in dem Meer von Goldmünzen zu wühlen. Sie warfen sie in die Luft und ließen sie unter freudigem Gejohle auf sich niederprasseln.

Auch der Piratenkäpt'n strahlte vor Glückseligkeit. Er war so gerührt, daß er mit Tränen in den Augen eine Münze nach der anderen in die Hand nahm und zärtlich streichelte.

„Oh, meine Lieblinge!“ rief er völlig verzückt. „Daß ich euch nach so langer Trennung endlich gefunden habe!“

„Von was für einer Trennung sprichst du?“ fragte einer der beiden Piraten mißtrauisch.

„Ach, das ist eine traurige Geschichte“, begann Dagobert. „Mein Urgroßvater hatte beim Würfelspiel diesen Schatz verloren. Später wanderte er dann von Hand zu Hand. Jetzt endlich darf ich das Gold meines Vorfahren in Besitz nehmen, das von Rechts wegen mir gehört.“

„Von wegen! Der Schatz gehört uns!“ korrigierte ihn eine Stimme.

Dagobert glaubte, nicht richtig zu hören. Und auf einmal sah er, daß er von einer ganzen Schar Piraten umringt war, die ihn drohend anstarrten. Sie mußten nach ihm an Land gegangen und ihm dann heimlich in die Höhle gefolgt sein.

Wutschnaubend sprang Dagobert auf einen Haufen Gold, schwang seinen Säbel und rief: „Was fällt euch ein, ihr Halunken? Das ist mein Schatz, und ich habe nicht die Absicht, ihn mit euch zu teilen! Ist das klar?“

„Berichtigung“, knurrte einer der Piraten. „WIR haben nicht die Absicht, den Schatz mit DIR zu teilen!“

„Verrat! Das ist Meuterei!" rief Dagobert und stürzte sich schäumend vor Wut mit seinem Säbel auf die aufmüpfigen Piraten.

Doch diese waren in der Überzahl und scherten sich nicht um das Wutgeschrei ihres Käpt'ns. Unbemerkt schlich sich einer der Piraten von hinten an ihn heran und schlug ihn mit einer Holzkeule nieder.

„So, der macht uns das Gold nicht mehr streitig“, freuten sich die Piraten.

Im gleichen Moment ließ sie ein Geräusch aufhorchen. Donald hatte in dem engen Faß einen Krampf in der Wade bekommen und hielt es nicht mehr länger darin aus. Doch als er versuchte, unbemerkt herauszusteigen, stürzten sich die Piraten auf ihn und zogen ihm mit einem Knüppel eins über. Bewußtlos fiel Donald zurück in das Faß.

Gleich darauf bekam er Gesellschaft. Die Piraten packten den besinnungslosen Dagobert und steckten ihn ebenfalls in das Faß.

Die Meuterei der Piraten war gelungen. Nachdem sie sich die beiden Störenfriede vom Hals geschafft hatten, begannen sie unverzüglich mit der Arbeit. Sie brachten alle mit Gold gefüllten Truhen aufs Schiff. Zuallerletzt holten sie auch noch die Tonne mit Donald und Dagobert und schlossen sie in die Kapitänskajüte ein.

Unterdessen hielten es Tick, Trick und Track in ihrem Sack vor Ungeduld nicht mehr länger aus. Sie konnten noch so laut rufen, niemand

kümmerte sich um sie. Die Piraten schienen sie völlig vergessen zu haben. Es wurde höchste Zeit, Fluchtpläne zu schmieden.

Plötzlich vernahmen sie oben an Deck lautes Poltern und die Freudenschreie der Piraten.

„Wir müssen hier raus und feststellen, was da oben vor sich geht", sagte Tick.

„Keine Chance!" seufzte Trick. „Der Sack ist mit einem Seil zugebunden, und wir haben kein Taschenmesser bei uns, mit dem wir ihn aufschneiden könnten."

„Nein, aber wir können versuchen, ihn zum Platzen zu bringen", schlug Tick vor. „Seid ihr bereit? Tief Luft holen: eins, zwei, drei!"

Die Kinder hielten ein paar Sekunden lang die Luft an. Dann pusteten sie sie mit aller Kraft wieder aus und bliesen auf diese Weise den Sack auf wie einen Ballon. Der Druck war so stark, daß der Sack schließlich mit einem lauten Knall platzte.

Die Kinder waren wieder frei. Doch nützte es ihnen nicht viel, daß sie sich aus dem Sack befreit hatten.

Sie befanden sich immer noch im Frachtraum, dessen Tür von außen verriegelt war.

Und die Luke war mit eisernen Gitterstäben gesichert. Aber wenigstens konnten sie ihre steif gewordenen Glieder strecken und die Piraten durch die Luke beobachten.

Die Piraten waren so weit weg, daß sie nur ein paar Gesprächsfetzen aufschnappen konnten. Aber was sie hörten, genügte ihnen.

„Habt ihr das mitgekriegt? Die Piraten sind aufsässig geworden!" rief Track erschrocken. „Sie haben den Vorfahren von Onkel Dagobert und Onkel Donald überwältigt und gefangengenommen. Wir müssen ihnen helfen!"

„Onkel Donald, ja", erwiderte Trick. „Aber der Piratenkäpt'n ist ein Schuft und bekommt nur, was er verdient hat."

„Im Grunde hast du völlig recht", stimmte ihm Tick zu. „Aber vergiß nicht, daß er trotz allem zur Familie gehört. Wir können doch einen direkten Vorfahren von uns nicht einfach im Stich lassen. Fragt sich nur, wie wir es anstellen sollen, den beiden zu helfen."

„Stimmt", gab ihm Track recht. „Wir sind genauso gefangen wie sie."

„Aber ich nicht", ließ sich da eine bekannte Stimme vernehmen, und das Gespenst nahm

genau vor den Augen der Kinder Gestalt an.

„Oh, du bist es!“ riefen Tick, Trick und Track erfreut. „Gut, daß du kommst! Du mußt den Käpt'n und Onkel Donald befreien.“

„Pfft! Diese beiden Trottel? Die haben es nicht besser verdient“, sagte das Gespenst. „Aber wenn euch so viel daran liegt, tu' ich euch eben den Gefallen. Ich muß mich nur wieder unsichtbar machen, bevor ich auf die Suche nach ihnen gehe.“

„Vielen Dank!“ riefen die Kinder. „Wir wußten, daß wir uns auf dich verlassen können.“

Doch was das betraf, hatten sie sich ein bißchen zu früh gefreut, wie sich schon bald herausstellen sollte.

Der Geist machte sich, wie angekündigt, unsichtbar, huschte durch das Schlüsselloch und hinauf auf das Deck. Dort begann er mit seiner Suche nach den beiden Gefangenen.

Auf einmal entdeckte er ein großes Faß, das mit einem Deckel fest verschlossen war. Nur mit größter Mühe gelang es ihm, den Deckel hochzuheben.

„Pst! Ihr könnt rauskommen!“ flüsterte der Geist.

Aber er bekam keine Antwort. Was auch nicht weiter verwunderlich war, denn das Faß war bis zum Rand mit Rum gefüllt.

„Was ist, worauf wartet ihr denn noch?“ versuchte es der Geist noch einmal.

Da stieg ihm ein köstlicher Duft in die Nase, der ihn an die gute, alte Zeit erinnerte. An seine unbeschwerten Jahre als Pirat und die ausgelassenen Trinkgelage in den Hafenkneipen.

Seit seinem Dahinscheiden hatte er keinen Tropfen Rum mehr genossen, denn im Schattenreich der Geister gab es nur pures Wasser zu trinken. Sein einziges Vergnügen war es seither, nachts herumzuspuken und Schlafende zu erschrecken. Zuerst hatte ihm das ja noch Spaß gemacht, aber mit der Zeit langweilte ihn diese Beschäftigung mehr und mehr.

„Jahrhundertelang war mir dieser Genuß versagt“, murmelte der Geist. „Das ist eine Gelegenheit, das Versäumte nachzuholen.“

Der Anblick und der Geruch des Rums ließen ihn das Versprechen vergessen, das er den Kindern gegeben hatte. Er beugte sich über das Faß, begann zu trinken und hörte erst auf, als es bis auf den letzten Tropfen geleert war.

Als er sich schließlich bedenklich schwankend wieder aufrichtete, war er vom Rum so benebelt, daß er nicht mehr klar denken konnte. Und schon verlor er das Gleichgewicht, kippte nach vorne und plumpste in das leere Rumfaß.

„Hick! Da war doch etwas, was ich erledigen sollte", überlegte das völlig betrunkene Gespenst. „Aber ich komm' einfach nicht drauf, was das war. Wenn doch nur jemand vorbeikommen und mir hier heraushelfen würde. An der frischen Luft könnte ich vielleicht eher einen klaren Gedanken fassen."

Kurz darauf kam tatsächlich jemand am Faß vorbei. Es war einer der Piraten, der es ebenfalls auf den Rum abgesehen hatte.

Vor der Meuterei war es den Piraten streng verboten gewesen, von dem Rum zu trinken. Das durfte einzig und allein ihr Käpt'n.

Aber jetzt brauchte ihn dieses Verbot nicht mehr zu kümmern. Der Pirat hob das Faß an den Mund, um einen ordentlichen Schluck daraus zu trinken, und kippte mit einem Zug...

...das Gespenst hinter die Binde!

„Pfui Teufel!“ rief der Pirat. Er verzog das Gesicht zu einer angewiderten Grimasse und versuchte, das Verschluckte wieder auszuspucken.

Doch der Geist war bereits in seinen Magen hinuntergeglitten und versetzte ihn sofort in den gleichen betrunkenen Zustand.

Der Pirat begann, über das Deck zu torkeln und grölte lauthals alle Seemannslieder, die er in den Hafenkneipen gelernt hatte. Schließlich prallte er mit voller Wucht gegen den großen Mast.

Aber statt sich dabei eine schmerzhafte Beule zu holen, glitt er ungehindert durch das Holz. Er war genau wie der Geist in seinem Magen körperlos geworden.

Ein zweiter Pirat hatte dies beobachtet und versuchte nun, es dem Kameraden nachzumachen.

Doch er rannte sich bei diesem Versuch beinahe den Schädel ein. Das machte ihn so wütend, daß er beschloß, sich dafür an den unschuldigen Gefangenen zu rächen. Er zerrte Dagobert und Donald aus dem Faß und schleuderte sie über Bord.

Das Meeresungeheuer

Donald und Dagobert trieben eine Weile hilflos auf dem Meer.

Dann entdeckten sie zum Glück ein Floß, das verlassen auf dem Meer trieb und auf das sie sich mit letzter Kraft retten konnten. Doch ihre Lage war trotzdem mehr als kritisch. Sie hatten nichts zu trinken, keinen Proviant, und weit und breit war kein Land in Sicht.

„Etwas Schlimmeres hätte uns nicht passieren können", seufzte Donald völlig entmutigt. Doch da täuschte er sich. Das Meer um sie herum begann zu brodeln und zu schäumen.

Mit einem Male tauchte genau neben ihrem Floß eine riesige Seeschlange auf.

Offenbar hatte sie der Hunger dazu getrieben ihre Höhle in der Tiefe des Ozeans zu verlassen.

Mit gierigen Augen starrte das Ungeheuer die beiden Ausgesetzten auf dem Floß an.

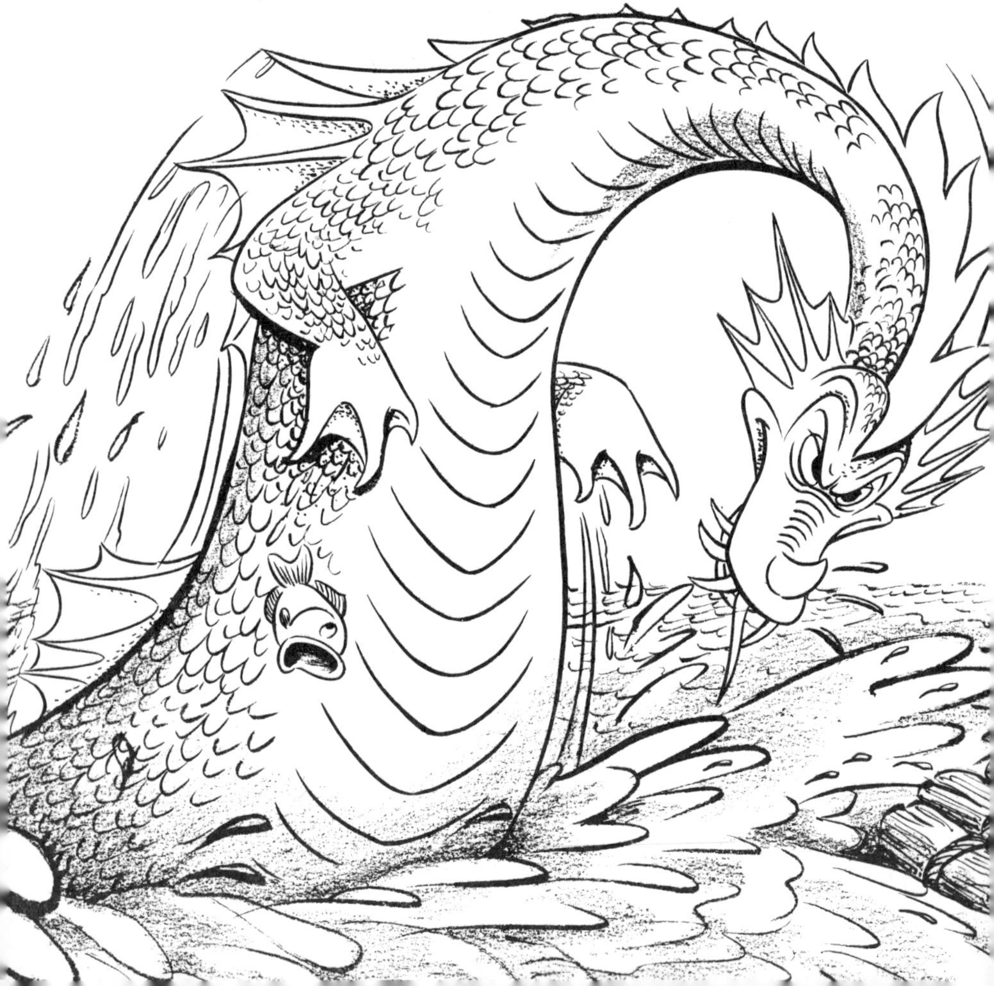

Die Seeschlange sperrte ihren Rachen weit auf, so daß Donald und Dagobert die dolchartigen Zähne blitzen sahen. Diese verhießen nichts Gutes.

„O nein! Diese Bestie wird uns mit Haut und Haaren verschlingen“, ächzte Donald.

„Irrtum, einer von uns müßte genügen, um sie satt zu machen“, sagte Dagobert und beförderte den armen Donald mit einem gezielten Fußtritt genau in den aufgesperrten Rachen der Seeschlange.

„So, wenn sie den verschlungen hat, wird sie auf einen alten, zähen Burschen wie mich keinen Appetit mehr haben“, dachte der Piratenkäpt'n zufrieden.

Doch Dagobert hatte den Appetit der Seeschlange unterschätzt. Donald war für sie nicht mehr als eine kleine Vorspeise. Sie schluckte ihn auf einmal hinunter und wandte sich Dagobert zu, um ihn ebenfalls zu verschlingen.

Der Piratenkäpt'n versuchte verzweifelt, ihrem gierigen Maul auszuweichen, aber vergebens.

Das Ungeheuer schnellte blitzartig seine lange Zunge heraus, schlang es seinem Opfer um den Leib und beförderte es hinunter in seinen riesigen Magen.

Dort hatte sich Donald inzwischen in einem Schiffswrack eingenistet, das die Seeschlange unlängst verschlungen hatte.

„Da bist du ja, du elender Schuft!" empfing er Dagobert. „Du hast mir meine Schatzkarte gestohlen. Du hast mich und meine Neffen zu deinen Sklaven gemacht und mißhandelt. Und du hast den Schatz an dich gebracht, der von Rechts wegen mir gehört! Aber was du dir da eben noch geleistet hast, war ein glatter Mordversuch! Für all das werde ich mich jetzt rächen! Und meine Rache wird fürchterlich sein!"

„Ach, verschone mich mit deinem dummen Geschwätz und laß mich nachdenken“, brummte Dagobert unwirsch.

„Nein, von dir lasse ich mir nicht mehr länger den Mund verbieten, du Schurke!“ rief Donald. „Ich werde dir eine Abreibung verpassen, an die du dein Leben lang denken wirst!“

Als Dagobert sah, daß es Donald mit seiner Drohung ernst meinte, begann er zu wimmern: „Du wirst doch deine Hand nicht gegen einen Greis erheben! Hab Erbarmen mit mir!“

„Sieh mal an, der mächtige Piratenkäpt'n bekommt das große Heulen und Zähneklappern!“ höhnte Donald. „Aber ich will mal nicht so sein und verzichte darauf, dich zu vermöbeln. Statt dessen fordere ich dich zu einem Duell heraus.“

Mit diesen Worten versetzte Donald seinem verdutzten Widersacher eine schallende Ohrfeige und fuhr fort: „So, nach dieser Beleidigung mußt du dich mit mir duellieren. Als Waffe schlage ich das Schießpulver vor.“

Damit war Dagobert einverstanden. An jeder Seite des Wracks stand eine kleine Bordkanone.

Nachdem sowohl Donald als auch Dagobert hinter einer Kanone Stellung bezogen hatten, bestimmte Donald: „Ein Schuß für dich, ein Schuß für mich!"

„Wie du willst", stimmte ihm Dagobert zu. „Du fängst an! Wenn ich als erster schieße, kommst du ja doch nicht mehr zum Zuge!"

„Gib nicht so an, du Großmaul!" höhnte Donald und lud seine Kanone.

BUMM! donnerte Donalds Kanone.

BUMM! donnerte Dagoberts Kanone.

„Daneben!" rief Donald.

„Daneben!" rief Dagobert.

Während sich die beiden Gegner im Bauch der Seeschlange dieses Duell lieferten, hatte diese das Ufer einer Insel erreicht. Sie wollte sich gerade zu einem Verdauungsschläfchen ausstrecken, als ein schneidender Schmerz durch ihre Eingeweide fuhr.

Die beiden Kanonenkugeln hatten sie tödlich verwundet.

Das Ungeheuer bäumte sich noch ein paarmal auf und zuckte im Todeskampf, ehe es reglos am Boden liegenblieb. In der Hitze des Gefechts hatten die beiden Kämpfer davon nichts bemerkt. Da sie die einzigen beiden Kanonenkugeln an Bord verschossen hatten, gingen sie jetzt mit den bloßen Fäusten aufeinander los.

„Ich werde dir jede Feder einzeln ausrupfen, du Wicht!“ drohte der Piratenkäpt'n.

„Und ich werde dich auf einen Bratspieß stecken und dich deinen Piraten als Festschmaus zum Fraß vorwerfen!“ erwiderte Donald.

Wer weiß, wie dieser Kampf geendet hätte...

Plötzlich drangen von draußen seltsame Geräusche an die Ohren der beiden Kämpfer.

Besorgt ließen sie voneinander ab und lauschten. Was sie hörten, klang wie mehrere Stimmen, die laut durcheinanderriefen.

Donald und Dagobert hatten richtig gehört. Die Insel, an deren Ufer sich die Schlange zum Schlafen ausgestreckt hatte, war nicht unbewohnt. Drei Männer stürzten sich mit lautem Jubelgeschrei auf das tote Seeungeheuer. Der eine war klein und rund und trug einen langen weißen Bart. Der zweite war groß und kräftig gebaut und der dritte so lang und dünn wie eine Bohnenstange.

„Hurra! Endlich bekommen wir etwas Ordentliches zwischen die Zähne!“ jubelten sie und begannen, das Seeungeheuer mit ihren Säbeln kunstgerecht zu zerlegen.

Donald und Dagobert begriffen immer noch nicht, was draußen vor sich ging. Verblüfft sahen sie, wie die Wände ihres Gefängnisses langsam verschwanden, bis sie plötzlich zwischen den Rippen der Seeschlange unter freiem Himmel standen.

Und jetzt entdeckten sie auch die drei Männer, die mit ihren Säbeln immer noch dabei waren, das Fleisch des Ungeheuers von den Knochen zu lösen.

O Schreck! Waren sie etwa vom Regen in die Traufe gekommen? Waren diese drei womöglich menschenfressende Kannibalen?

Doch der Bärtige beruhigte sie sogleich. „Vielen Dank, daß ihr das Ungeheuer getötet habt“, sagte er. „Jetzt können wir uns endlich wieder mal sattessen.“

„Wieso? Gibt es auf dieser Insel nichts zu essen?“ fragte Donald verwundert.

„Nur Wurzeln, und die hängen uns langsam zum Hals heraus“, erwiderte der Lange.

Und dann erfuhren Donald und Dagobert, daß die drei Mäner Matrosen waren, deren Schiff nach einem schweren Sturm auf dieser Insel gestrandet war. Seither saßen sie hier fest, weil eine haushohe Welle ihren Kapitän während des Sturms über Bord gerissen hatte.

Ein seetüchtiges Schiff? Eine Mannschaft ohne Kapitän? Etwas Besseres hätten sich Donald und Dagobert in ihren kühnsten Träumen nicht wünschen können.

„Ich übernehme das Kommando auf dem Schiff!“ riefen beide wie aus einem Munde und wären sich beinahe wieder in die Haare geraten.

Doch Dagobert hatte keine Lust mehr, sich zu prügeln und schlug dem Gegner einen Waffenstillstand vor: „Laß uns die Aufgaben teilen“, sagte er. „Ich übernehme die Mannschaft und du das Schiff.“

„Einverstanden“, entgegnete Donald. „Laß uns gemeinsam gegen die Piraten vorrücken. Wenn wir mit vereinten Kräften gegen unsere Feinde vorgehen, können wir sie sicherlich überwältigen. Ich muß meine Neffen aus ihrer Gewalt befreien.“

„Und ich meinen Schatz“, fügte Dagobert hinzu.

„Deinen? Das könnte dir so passen!“ knurrte Donald. „Das klären wir noch. Laßt uns jetzt in See stechen.“

Das Schiff der drei Matrosen war in einem erbarmungswürdigen Zustand. Der Mast war abgebrochen, die Segel völlig zerfetzt und der Rumpf zusammengeflickt und löchrig wie ein Sieb.

Aber Hauptsache, sie schafften es, dieses Wrack so lange einigermaßen über Wasser zu halten, bis sie das Piratenschiff erreicht hatten. Donald und Dagobert waren guten Mutes. Zusammen mit den drei Matrosen machten sie das Schiff klar zum Auslaufen und nahmen Kurs Richtung Westen, wo sie das Piratenschiff vermuteten.

Doch schon bald sickerte Wasser in das Schiff, und es drohte zu sinken. Alle mußten antreten zum Wasserschöpfen. Jeder hoffte inständig, daß sie das Piratenschiff doch noch erreichten, ehe sie wie ein Stein untergehen würden.

Zum Angriff!

Zur gleichen Zeit hatten die Meuterer auf dem Piratenschiff ganz andere Sorgen. Sie drängelten und schubsten sich an der Tür zum Laderaum. Jeder wollte als erster eintreten.

Der Grund für ihre Ungeduld war, daß sie alle beschlossen hatten, ein Bad zu nehmen. Ein höchst ungewöhnlicher Wunsch für einen wilden Haufen ungepflegter Piraten, die mit Hygiene und Körperpflege seit jeher auf Kriegsfuß standen.

Sicherlich war dies das erstemal in ihrem Leben, daß sie ein Bad nahmen.

Es waren Tick, Trick und Track, die sie mit einer List dazu gebracht hatten. Nun schlugen sie sich geradezu darum, wer von ihnen als erster in die Wanne steigen durfte.

Folgendes war geschehen. Nachdem die Piraten Donald und Dagobert über Bord geworfen hatten, teilten sie den Schatz unter sich auf und sahen sich im Geiste schon als reiche und vornehme Edelleute.

„Schluß mit der Dreckarbeit!“ beschlossen sie. „Von nun an machen wir uns nie wieder die Hände schmutzig.“

Doch wer sollte an ihrer Stelle die täglichen Arbeiten auf dem Schiff verrichten?

Dieses Problem war schnell gelöst. Die Piraten holten ihre drei kleinen Gefangenen aus dem Laderaum. Sie teilten ihnen die Aufgaben zu, für die sie sich als zukünftige Edelleute zu schade waren. Dann packte sie vollends der Größenwahn. Einer klemmte sich ein Monokel vors Auge, um vornehm auszusehen. Ein anderer setzte sich eine Perücke auf. Einer, der weder lesen noch schreiben konnte, hielt ein Buch verkehrt herum in den Händen und tat so, als würde er darin lesen. Diese

kläglichen Versuche, einen vornehmen Eindruck zu erwecken, waren beinahe rührend und auf jeden Fall zum Schreien komisch, wenngleich vergebens.

Doch Tick, Trick und Track sahen darin eine große Chance, sich endlich aus der Gewalt der Piraten zu befreien, und sie beschlossen, diese Gelegenheit unverzüglich beim Schopf zu packen.

„Ich habe keine Lust, hier noch länger zu versauern", sagte Tick.

„Wir auch nicht", stimmten ihm Trick und Track zu.

„Aber wie sollen wir das Schiff in unsere Gewalt bringen?“ fragte Trick. „Die Piraten sind viel stärker als wir und obendrein in der Überzahl.“

An Deck versuchten gerade zwei der Piraten, ein Menuett zu tanzen. Das sah so komisch aus, daß die Kinder schallend lachen mußten.

Plötzlich hatte Trick eine Idee.

„Hört zu, ich weiß, was wir machen“, flüsterte er den Brüdern zu. „Wir packen sie bei ihrer Eitelkeit. Sie wollen doch so gerne Edelleute werden, und wir helfen ihnen dabei.“

Tick, Trick und Track steckten flüsternd die Köpfe zusammen und heckten gemeinsam einen todsicheren Plan aus.

Kurz darauf trat Tick zu den Piraten und sagte scheinheilig: „Hört mal her! Wir stammen aus einer vornehmen Familie und haben schon viele Edelleute kennengelernt. Aber so schmutzige Menschen wie ihr sind uns noch nicht begegnet.“

„Das stimmt wahrlich“, ergänzte Trick überzeugend. „In den vornehmen Kreisen ist es nämlich üblich, daß man jeden Tag ein Bad nimmt.“

Daß sie zu schmutzig waren, um als Edelleute zu gelten, wollten die Piraten nicht auf sich sitzen lassen. Sie befahlen den Kindern, im Laderaum einen Holzzuber mit heißem Wasser zu füllen, was sich diese natürlich nicht zweimal sagen ließen. Und so war es also dazu gekommen, daß sich die Piraten jetzt an der Tür drängelten.

Jeder wollte als erster in den Zuber steigen, um sich den jahrealten Schmutz vom Leib zu schrubben.

Nichts Böses ahnend, stürzten sie sich mitsamt den Kleidern ins Wasser. Erst als die Tür zum Laderaum hinter ihnen ins Schloß fiel und von draußen verriegelt wurde, merkten sie, daß sie in eine Falle gegangen waren. Sie waren gefangen.

Als sich Tick, Trick und Track auf diese Weise ihre Widersacher vom Hals geschafft hatten, übernahmen sie sofort das Kommando auf dem Schiff.

Dabei sahen ihnen zwei unsichtbare Augen zu, die ihr geschäftiges Treiben verwundert beobachteten.

Es war der Geist von Pirat Knollennase. Er hatte den Körper des Piraten, der ihn verschluckt hatte, längst wieder verlassen. In einem stillen Winkel des Schiffes hatte er dann seinen Rausch ausgeschlafen.

Wieder einigermaßen nüchtern, hatte er jetzt eigentlich vorgehabt, seinen Fehler gutzumachen und den Freunden zu Hilfe zu eilen.

Die machten aber den Eindruck, als würden sie sehr gut alleine zurechtkommen.

Tick, Trick und Track lachten und scherzten und schienen alles unter Kontrolle zu haben.

Da machte sich der Geist sichtbar, trat zu ihnen und wollte wissen, was sich auf dem Schiff zugetragen hatte, während er schlief.

Die Kinder erzählten ihm lachend, welchen Streich sie den größenwahnsinnigen Piraten gespielt hatten, die so schrecklich gerne vornehme Edelleute werden wollten.

Aber dann wurden die Kinder wieder ernst. Sie mußten sich unverzüglich auf die Suche nach Onkel Donald und Dagobert machen, die sicher immer noch hilflos und halb verhungert irgendwo auf dem Meer trieben. Hoffentlich würden sie die beiden bald finden.

Sie hielten mit Argusaugen Ausschau nach den beiden.

Dem Schiff, das plötzlich wie aus dem Nichts vor ihnen auftauchte und auf sie zukam, schenkten sie daher keine Beachtung. Es hatte auch nicht mehr viel Ähnlichkeit mit einem Schiff, sondern glich mehr einem schwimmenden Trümmerhaufen.

Aber sie hätten dieses Schiff nicht einfach ignorieren sollen, denn dessen Mannschaft begann plötzlich verrückt zu spielen.

Die drei Matrosen, die schon lange kein Abenteuer mehr erlebt hatten, gingen sofort zum Angriff auf das Piratenschiff über. Ehe Donald und Dagobert sie daran hindern konnten, feuerten sie die Bordkanone ab und trafen voll ihr Ziel.

„Hört sofort auf damit, ihr Hornochsen!" tobte Dagobert. „Wollt ihr, daß das Schiff untergeht und der Schatz mit ihm versinkt?"

„Haltet ein, ihr Wahnsinnigen!" rief auch Donald. „Auf dem Schiff sind meine drei Neffen! Wehe euch, wenn ihr ihnen mit dieser Eselei auch nur ein Haar gekrümmt habt!"

Bei dem Kanonendonner waren alle Piraten mit einem Satz aus dem Zuber gesprungen.

Jetzt drängten sich alle hinter der verschlossenen Tür des Laderaums und versuchten verzweifelt, sie aufzubrechen. Aber die Tür gab keinen Millimeter nach.

„Hilfe! Laßt uns raus!" riefen sie und trommelten mit den Fäusten gegen die Tür.

Ihr Flehen wurde auch gleich darauf erhört,

als eine Kanonenkugel die Tür traf und das Schloß zerschmetterte.

„Die Tür ist offen! Wir sind frei! Los, Männer, alle an Deck!“ rief einer der Piraten.

„An die Kanonen!“ rief ein zweiter.

KABOUMM! Mit ohrenbetäubendem Gedonner gaben die Piraten einen Schuß auf das feindliche Schiff ab.

KABOUUUMM! folgte gleich darauf die Antwort der Gegenseite.

Das Piratenschiff war getroffen und begann fast augenblicklich zu sinken.

Aber auch das Schiff des Gegners war von einer Kanonenkugel voll getroffen worden und versank ganz langsam in den Fluten.

„Hilfe! Rettet mich! Ich kann nicht schwimmen!“ riefen einige der Piraten, ehe sie von den Wellen verschluckt wurden.

„Ihr hirnlosen Vandalen!“ kreischte Dagobert, und seine Stimme überschlug sich vor Zorn. „Ihr habt den Schatz des Piraten auf dem Gewissen! Das ganze schöne Gold!“

Rasend vor Wut über den Verlust des Goldes, richtete sich Dagoberts Zorn gegen Donald.

„Das ist allein deine Schuld!“ tobte er. „Du hattest das Kommando auf dem Schiff! Du wirst so lange auf den Grund hinuntertauchen, bis du jedes einzelne Goldstück heraufgeholt hast!“

Dann wandte er sich an die drei Matrosen, die ganz in seiner Nähe im Wasser planschten, und fuhr fort: „Und ihr drei Nichtsnutze werdet ihm dabei helfen!“

Donald, der sich mit seinen Neffen in ein Rettungsboot geflüchtet hatte, platzte der Kragen.

„Was bildest du dir eigentlich ein?“ rief er bebend vor Zorn. „Du hattest doch das Kommando über die Mannschaft, nicht ich! Und überhaupt, das war unsere Schatzkarte! Du und dein Piratengesindel habt sie uns gestohlen! Der Schatz gehört uns, und deshalb wirst du hinuntertauchen und ihn für uns heraufholen!“

Da packte Dagobert vor Wut den Rand des Ruderboots und versuchte mit aller Kraft, es zum Kentern zu bringen.

Donald und die Kinder fielen kopfüber ins Wasser. Sie wären mit Gewißheit ertrunken,

wenn nicht im letzten Moment derjenige eingegriffen hätte, dem sie dieses ganze Schlamassel eigentlich zu verdanken hatten.

Es war der Geist, der gerade damit beschäftigt war, sein Leintuch zu waschen. Nach all diesen Abenteuern war es mehr grau als weiß.

Als er sah, in welcher Gefahr seine Schützlinge schwebten, meldete sich sein Gewissen. Immerhin hatte er ihnen ganz zu Anfang versprochen, während dieses Abenteuers dafür zu sorgen, daß ihnen kein Leid geschehen würde.

„Die Ärmsten haben genug durchgemacht. Es wird Zeit, daß ich diesem Spuk ein Ende bereite“, beschloß er. Dann hob er die Arme, murmelte eine Zauberformel, und fast augenblicklich wurden Donald und die Kinder von einem dichten, undurchdringlichen Nebel eingehüllt.

Als die Dunstwolke wieder verschwunden war, hatten sich Donald und seine Neffen in Nichts aufgelöst.

Nachwort

Einige Sekunden, oder vielmehr einige Jahrhunderte später entdeckte ein einsamer Seefahrer, der ein kleines Vorpostenschiff steuerte, ein Rettungsboot. Es trieb führerlos auf den Wellen, und auf dem Boden lagen vier reglose Gestalten. Der Seefahrer zog die Bewußtlosen zu sich herüber auf sein Boot und brachte sie mit einer leichten Ohrfeige wieder zur Besinnung.

Die Schiffbrüchigen mußten Schlimmes durchgemacht haben, denn sie stammelten völlig verworrenes Zeug: „Schiffbruch... Piraten... Schatzkarte... Gold... Totenkopfinsel... Geist... Seeungeheuer...!“

Nach einer Weile begann der Seemann, sich ernste Sorgen um die Geretteten zu machen. Sicher, sie waren bestimmt viel zu lange der Sonne ausgesetzt gewesen. Vom Durst hatten sie vielleicht Halluzinationen bekommen und auch völlig das Zeitgefühl verloren. Aber daß sie nicht damit aufhörten, zu phantasieren und dieses wirre Zeug zu faseln, gefiel ihm überhaupt nicht.

Er beschloß daher, über Funk einen Krankenwagen zum Hafen zu bestellen.

Als das Boot schließlich am Kai anlegte, wurden Donald und die Kinder sofort von zwei weißgekleideten Sanitätern in Empfang genommen und in den Krankenwagen verfrachtet.

Mit heulender Sirene brauste der Wagen quer durch die ganze Stadt und kam erst im Hof einer Klinik zum Stehen, die Donald und die Kinder sofort erkannten. Es war die Nervenheilanstalt von Entenhausen!

Ehe sie wußten, wie ihnen geschah, wurden sie blitzschnell in Zwangsjacken gesteckt und in einen Raum mit gepolsterten Wänden geführt.

Dort machten sich zehn Ärzte sogleich daran, die Neuaufnahmen zu untersuchen.

„Laßt mich zufrieden, ich bin nicht verrückt!" protestierte Donald und schlug auf dem Untersuchungstisch wild um sich.

Die Ärzte waren ziemlich ratlos. Sie wußten nicht, was sie vom Geisteszustand dieser Patienten halten sollten. Einerseits schienen sie völlig normal zu reagieren, aber andererseits, dieses wirre Gerede...

Die Ärzte steckten die Köpfe zusammen und beschlossen schließlich, Donald und die Kinder einem Test zu unterziehen. Kurz darauf erschien eine hübsche Krankenschwester und überreichte Donald die Honorarrechnung für diese psychiatrische Untersuchung.

„Waaas?" rief Donald fassungslos. „Eine Million Taler für eine Untersuchung, die auch noch gegen unseren Willen stattgefunden hat? Mir scheint, nicht WIR sind verrückt, sondern SIE! Bei Ihnen sind wohl ein paar Schrauben locker!"

Mit diesem lautstarken Protest hatte Donald bewiesen, daß er nicht verrückt, sondern völlig bei Verstand war.

„Euer Geisteszustand ist völlig in Ordnung“, entschieden die Ärzte und ordneten an, daß Donald und seine Neffen sofort entlassen wurden.

Doch auf dem Heimweg kamen Donald Zweifel, was seinen Geisteszustand betraf. Er war immer noch ziemlich verwirrt.

„Haben wir diese verrückte Geschichte wirklich erlebt, oder war das alles nur ein Traum?“ murmelte er vor sich hin, als er die Tür ihres Hauses aufschloß.

„Nein, es war kein Traum, Donald!“ ertönte da aus dem Inneren des Hauses eine Stimme.

Donald und die Kinder erkannten sie sofort, und ihre Mienen verfinsterten sich schlagartig.

„Knollennase!“ riefen alle vier wie aus einem Munde.

„Richtig“, erwiderte der Geist. „Ich wollte euch nur bestätigen, daß ihr dieses Abenteuer mit den Piraten wirklich erlebt habt. Außerdem möchte ich euch gern meinen Kameraden Billy the Kid vorstellen. Er ist der Geist eines Revolverhelden aus dem Wilden Westen. Zusammen mit ihm könntet ihr noch ganz andere tolle Abenteuer erleben. Die Heldentaten der Pioniere, Überfälle auf Postkutschen, Angriffe von Indianern, Verfolgungen von Banditen, Rodeo auf wilden Pferden..."

Weiter kam Knollennase nicht mit seiner Aufzählung. Donald und seine Neffen warfen sich vielsagende Blicke zu. Sie brauchten keine Worte, um sich zu verständigen.

Was dann geschah, sah so verrückt aus, daß die Leute auf der Straße verwundert und kopfschüttelnd stehenblieben.

Mit Baseballschlägern bewaffnet und wilde Drohungen ausstoßend, rannten Donald und seine Neffen hinter jemandem her. Aber wer war der Unglückliche, dem sie eine Tracht Prügel verpassen wollten? Es war doch weit und breit niemand zu sehen!

Wie hätten sie den Geist auch sehen sollen, der vor seinen Verfolgern Reißaus nahm. Um sich keine Beulen und blaue Flecken einzuhandeln, hatte sich Knollennase blitzschnell wieder unsichtbar gemacht und flüchtete zurück ins Jenseits, von wo er gekommen war.